Índice

Capítulo 12: Despliegue y Mantenimiento - Página 82

Proyectos Prácticos - Página 88
Proyecto 1: Lista de Tareas Simple

- Descripción: Creación de una aplicación de lista de tareas donde los usuarios pueden agregar, eliminar y marcar como completadas las tareas.
- Tecnologías Utilizadas: React, Hooks, Context API o Redux (opcional), CSS Modules o Styled-components.
- Objetivos de Aprendizaje: Practicar la creación de componentes, manejo de estado, uso de eventos y estilos en React.

Proyecto 2: Aplicación de Red Social

- Descripción: Desarrollo de una aplicación de red social donde los usuarios pueden registrarse, iniciar sesión, crear publicaciones, comentar y dar "me gusta".
- Tecnologías Utilizadas: React, React Router, Redux, Firebase (o cualquier otro servicio de backend), Material-UI o Styled-components.

- Objetivos de Aprendizaje: Integrar múltiples conceptos de React como enrutamiento, gestión de estado avanzada, autenticación y manejo de formularios.

Capítulo 1: Introducción a React

1.1. ¿Qué es React?

React es una biblioteca de JavaScript desarrollada por Facebook que se utiliza para construir interfaces de usuario (UI) de manera eficiente y organizada. Piensa en React como una caja de herramientas que te ayuda a construir la estructura visual de una aplicación web. En lugar de construir todo de una sola pieza, React permite dividir la interfaz en componentes pequeños y manejables.

Analogía: Imagina que estás construyendo una casa. No construyes la casa de una sola vez; en cambio, la divides en partes más pequeñas como habitaciones, paredes, techos y ventanas. De la misma manera, en React, una interfaz de usuario se divide en componentes pequeños y reutilizables que se ensamblan para formar la aplicación completa.

Ejemplo real: Considera una página de e-commerce como Amazon. La página principal tiene diferentes componentes como la barra de navegación, la lista de productos, el carrito de compras, y el pie de página. Cada una de estas partes puede ser construida como un componente separado en React, lo que facilita su mantenimiento y actualización.

1.2. Historia y evolución de React

React fue desarrollado por Facebook y se lanzó por primera vez en 2013. Fue creado para resolver problemas específicos que los desarrolladores de Facebook enfrentaban al construir aplicaciones web grandes y dinámicas. Antes de React, las interfaces de usuario eran difíciles de gestionar y actualizar eficientemente. Con el tiempo, React ha evolucionado significativamente y ha sido adoptado por muchas empresas y desarrolladores en todo el mundo.

Puntos clave de la evolución:

- **2013:** Lanzamiento inicial de React.
- **2015:** Introducción de React Native para construir aplicaciones móviles.
- **2017:** Lanzamiento de React Fiber, una reescritura completa del motor de renderizado para mejorar el rendimiento y la capacidad de actualización.
- **2019:** Introducción de Hooks, una nueva forma de manejar el estado y el ciclo de vida de los componentes sin necesidad de escribir clases.

1.3. Instalación de React

Para empezar a usar React, primero necesitas tener instalado Node.js y npm (Node Package Manager) en tu máquina. Node.js es un entorno de ejecución para JavaScript, y npm es una herramienta que te permite instalar paquetes de JavaScript, como React.

Pasos para la instalación:

Instalar Node.js y npm:

- Visita nodejs.org y descarga la versión recomendada para tu sistema operativo.
- Sigue las instrucciones de instalación.

1.4. Conceptos básicos: Componentes, Props y Estado

Para entender React, es crucial familiarizarse con algunos conceptos fundamentales: componentes, props y estado.

Componentes: Un componente en React es como un bloque de construcción de la UI. Puedes pensar en él como una función en programación que toma entradas y devuelve una salida. Los componentes pueden ser tan pequeños como un botón o tan grandes como una página completa.

Analogía: Si construyes una página web como un coche, los componentes serían las piezas individuales del coche, como las ruedas, el motor y los asientos.

Ejemplo real: En una página de perfil de usuario en Facebook, podrías tener componentes como la barra de navegación, la foto de perfil, la lista de amigos y las publicaciones. Cada uno de estos elementos puede ser un componente separado, lo que facilita la gestión y actualización de la página.

Props (Propiedades): Las props son los "argumentos" que se pasan a los componentes. Permiten que los componentes sean dinámicos y reutilizables. Puedes pasar diferentes valores a un componente a través de sus props para modificar su comportamiento o apariencia.

Analogía: Piensa en un componente como una máquina de café. Las props serían como los ingredientes que le das a la máquina (agua, café, leche) para obtener diferentes tipos de café (espresso, latte, cappuccino).

Ejemplo real: En un componente de producto en una tienda en línea, las props podrían incluir el nombre del producto, el precio y la imagen. Al pasar diferentes valores a estas props, puedes reutilizar el mismo componente para mostrar distintos productos.

Estado (State): El estado es un objeto que representa la información dinámica de un componente, es decir, información que puede cambiar con el tiempo. Mientras que las props son inmutables (no pueden cambiar), el estado sí puede cambiar y afectar cómo se renderiza el componente.

Analogía: Imagina que el estado es como el estado de ánimo de una persona. Puede cambiar a lo largo del día (feliz, triste, cansado), y esos cambios afectan cómo se comporta y se ve la persona en diferentes momentos.

Ejemplo real: En una aplicación de mensajería como WhatsApp, el estado podría representar la lista de mensajes. A medida que recibes nuevos mensajes, el estado cambia y la interfaz de usuario se actualiza automáticamente para mostrar los nuevos mensajes.

Con estos conceptos básicos, estás listo para profundizar en el mundo de React y empezar a construir aplicaciones web dinámicas y eficientes. ¡Vamos a por el siguiente capítulo!

Capítulo 2: Primeros Pasos con React

2.1. Creación de un proyecto con Create React App

Para empezar a trabajar con React, vamos a crear un nuevo proyecto utilizando una herramienta llamada **Create React App**. Esta herramienta configura todo lo necesario para comenzar a desarrollar en React sin preocuparse por la configuración inicial.

Pasos para la creación de un proyecto:

1. Abre una terminal o línea de comandos.

2. Ejecuta el siguiente comando:

```
npx create-react-app mi-proyecto
```

- Este comando creará una nueva carpeta llamada "mi-proyecto" con toda la estructura necesaria para un proyecto React.

3. Navega hasta la carpeta del proyecto:

```
cd mi-proyecto
```

4. Inicia la aplicación:

```
npm start
```

- Esto abrirá una nueva ventana del navegador mostrando tu aplicación React en funcionamiento.

Ejemplo real: Piensa en crear la interfaz de un blog personal. Create React App te permite configurar rápidamente el entorno para que puedas empezar a construir componentes como la barra de navegación, los artículos del blog y el pie de página.

2.2. Estructura de un proyecto React

Una vez creado el proyecto, es importante entender la estructura de carpetas y archivos que se generan.

Estructura típica de un proyecto React:

- **node_modules/**: Contiene todas las dependencias del proyecto.
- **public/**: Contiene archivos estáticos, como el archivo HTML principal.

- **index.html**: El archivo HTML principal donde se monta la aplicación React.
- **src/**: Contiene los archivos fuente de tu aplicación.
  - **App.js**: El componente principal de tu aplicación.
  - **index.js**: El punto de entrada de la aplicación donde React se monta en el DOM.
  - **App.css**: Archivo de estilos para el componente App.
  - **index.css**: Archivo de estilos globales.

Analogía: Piensa en la estructura de un proyecto React como el plano de una casa. Cada archivo y carpeta tiene un propósito específico, como las habitaciones y muebles en una casa.

Ejemplo real: En el blog personal, la carpeta **src** contendría componentes como **Header.js** para la barra de navegación, **BlogPost.js** para los artículos y **Footer.js** para el pie de página.

2.3. JSX: Sintaxis y convenciones

JSX es una extensión de la sintaxis de JavaScript que permite escribir código que se parece a HTML dentro de JavaScript. JSX facilita la creación de componentes de React al permitir una mezcla de lógica y estructura en un solo lugar.

Características principales de JSX:

- **Embebido en JavaScript:** Puedes escribir expresiones JavaScript dentro de JSX utilizando llaves {}.
- **Elementos JSX:** Parecen etiquetas HTML pero son transformados en elementos React.
- **Atributos en camelCase:** Los atributos de HTML se escriben en camelCase en JSX (e.g., `className` en lugar de `class`).

Analogía: Piensa en JSX como una receta de cocina que incluye ingredientes (HTML) y pasos de preparación (JavaScript) en el mismo lugar.

Ejemplo real:

```
import React from 'react';

function BlogPost() {
  const title = "Mi Primer Artículo";
  const content = "Este es el contenido de mi
primer artículo en el blog.";

  return (
    <div>
      <h1>{title}</h1>
      <p>{content}</p>
    </div>
  );
}

export default BlogPost;
```

- Aquí, `BlogPost` es un componente que utiliza JSX para renderizar un título y un párrafo. Las variables `title` y `content` se incluyen en el JSX utilizando `{}`.

2.4. Renderizado de elementos

En React, el renderizado de elementos es el proceso de mostrar los componentes en la interfaz de usuario. El archivo **index.js** es el punto de entrada donde se monta la aplicación React en el DOM.

Proceso de renderizado:

1. **index.js:**

```
import React from 'react';
import ReactDOM from 'react-dom';
import App from './App';
import './index.css';

ReactDOM.render(
  <React.StrictMode>
    <App />
  </React.StrictMode>,
  document.getElementById('root')
);
```

- `ReactDOM.render` monta el componente App en un elemento del DOM con el ID `root`.

2. **App.js:**

```
import React from 'react';
import BlogPost from './BlogPost';

function App() {
  return (
    <div className="App">
      <BlogPost />
    </div>
  );
}

export default App;
```

- `App` es el componente principal que incluye el componente `BlogPost`.

Analogía: Piensa en el proceso de renderizado como colocar los muebles (componentes) en una habitación (DOM). `ReactDOM.render` actúa como el diseñador de interiores que organiza dónde van los muebles en la casa.

12

Ejemplo real: En la página del blog personal, `ReactDOM.render` monta el componente `App`, que a su vez incluye varios componentes como `Header`, `BlogPost` y `Footer`. Cada uno de estos componentes se renderiza para formar la interfaz completa del blog.

Capítulo 3: Componentes en React

En este capítulo, profundizaremos en los componentes de React, que son la base de cualquier aplicación construida con esta biblioteca. Los componentes permiten dividir la interfaz de usuario en piezas independientes, reutilizables y manejables. A lo largo de este capítulo, exploraremos los diferentes tipos de componentes, cómo pasar datos entre ellos, gestionar su estado y ciclo de vida, así como la forma de manejar eventos.

3.1. Componentes funcionales y de clase

Componentes funcionales Los componentes funcionales son funciones de JavaScript que aceptan un objeto `props` y devuelven elementos de React. Estos componentes son más sencillos y fáciles de entender, y a partir de React 16.8, con la introducción de los Hooks, se pueden utilizar para manejar el estado y el ciclo de vida.

```
// Ejemplo de componente funcional
function Greeting(props) {
  return <h1>Hello, {props.name}!</h1>;
}
```

Componentes de clase Antes de los Hooks, los componentes de clase eran necesarios para manejar el estado y los métodos del ciclo de vida. Los componentes de clase extienden

`React.Component` y deben definir un método `render` que retorne elementos de React.

```
// Ejemplo de componente de clase
class Greeting extends React.Component {
  render() {
    return <h1>Hello, {this.props.name}!</h1>;
  }
}
```

3.2. Props: Pasando datos a componentes

Props son el mecanismo para pasar datos de un componente padre a un componente hijo. Los props son inmutables, lo que significa que no pueden ser modificados por el componente que los recibe.

```
// Componente padre
function App() {
  return <Greeting name="Alice" />;
}

// Componente hijo
function Greeting(props) {
  return <h1>Hello, {props.name}!</h1>;
}
```

Los props también se pueden utilizar para pasar funciones de un componente padre a un hijo, permitiendo la comunicación entre ellos.

```
// Componente padre
function App() {
  const handleClick = () => {
    alert('Button clicked!');
  };

  return <Button onClick={handleClick} />;
}
```

```
// Componente hijo
function Button(props) {
  return <button onClick={props.onClick}>Click
me</button>;
}
```

3.3. Estado (State) y ciclo de vida de componentes

El estado (state) es una característica de los componentes de
React que permite almacenar y manejar datos que pueden
cambiar con el tiempo.

Estado en componentes de clase

```
class Counter extends React.Component {
  constructor(props) {
    super(props);
    this.state = { count: 0 };
  }

  increment = () => {
    this.setState({ count: this.state.count + 1
});
  };

  render() {
    return (
      <div>
        <p>Count: {this.state.count}</p>
        <button
onClick={this.increment}>Increment</button>
      </div>
    );
  }
}
```

Estado en componentes funcionales con Hooks

```
function Counter() {
```

```
const [count, setCount] = useState(0);

return (
  <div>
    <p>Count: {count}</p>
    <button onClick={() => setCount(count +
1)}>Increment</button>
  </div>
);
}
```

Ciclo de vida de los componentes

Los métodos del ciclo de vida solo están disponibles en los
componentes de clase y permiten ejecutar código en diferentes
etapas del ciclo de vida de un componente.

- componentDidMount(): Se ejecuta después de que
  el componente se monta en el DOM.
- componentDidUpdate(prevProps,
  prevState): Se ejecuta después de actualizar el
  componente.
- componentWillUnmount(): Se ejecuta justo antes
  de desmontar y destruir un componente.

```
class LifecycleDemo extends React.Component {
  componentDidMount() {
    console.log('Component mounted');
  }

  componentDidUpdate(prevProps, prevState) {
    console.log('Component updated');
  }

  componentWillUnmount() {
    console.log('Component will unmount');
  }

  render() {
```

```
    return <div>Lifecycle methods demo</div>;
  }
}
```

Con Hooks, se utilizan `useEffect` para manejar los efectos secundarios y el ciclo de vida en componentes funcionales.

```
function LifecycleDemo() {
  useEffect(() => {
    console.log('Component mounted');

    return () => {
      console.log('Component will unmount');
    };
  }, []);

  return <div>Lifecycle methods demo</div>;
}
```

3.4. Composición y herencia de componentes

Composición de componentes La composición es la forma en que los componentes de React se combinan entre sí. En lugar de heredar, los componentes más pequeños y específicos se combinan para formar componentes más complejos.

```
function App() {
  return (
    <div>
      <Header />
      <Content />
      <Footer />
    </div>
  );
}
```

Herencia de componentes React se enfoca más en la composición que en la herencia. Sin embargo, en situaciones específicas, puedes usar la herencia para extender funcionalidad.

```
class BaseComponent extends React.Component {
  render() {
    return <div>Base Component</div>;
  }
}

class ExtendedComponent extends BaseComponent {
  render() {
    return (
      <div>
        <BaseComponent />
        <div>Extended Component</div>
      </div>
    );
  }
}
```

3.5. Eventos en React

React maneja eventos de forma similar a los eventos en el DOM, pero con algunas diferencias sintácticas y mejoras para trabajar con el modelo de componentes.

Manejo de eventos en componentes funcionales

```
function Button() {
  const handleClick = () => {
    alert('Button clicked!');
  };

  return <button onClick={handleClick}>Click me</button>;
}
```

Manejo de eventos en componentes de clase

```
class Button extends React.Component {
```

```
handleClick = () => {
  alert('Button clicked!');
};

render() {
  return <button
onClick={this.handleClick}>Click me</button>;
  }
}
```

React normaliza los eventos sintéticos, garantizando que
funcionen de manera consistente en todos los navegadores.
Puedes pasar argumentos a los manejadores de eventos
utilizando funciones de flecha o el método bind.

```
function Button() {
  const handleClick = (message) => {
    alert(message);
  };

  return (
    <button onClick={() => handleClick('Button
clicked!')}>
      Click me
    </button>
  );
}
```

En resumen, los componentes son la piedra angular de React.
Comprender cómo funcionan los componentes funcionales y de
clase, cómo pasar datos entre ellos utilizando props, gestionar el
estado y el ciclo de vida, componer componentes de manera
efectiva y manejar eventos te permitirá construir aplicaciones
React robustas y mantenibles.

Capítulo 4: Hooks en React

En este capítulo, exploraremos los Hooks, una característica introducida en React 16.8 que permite usar el estado y otras características de React en componentes funcionales. Los Hooks hacen que los componentes funcionales sean más potentes y fáciles de trabajar, eliminando la necesidad de clases para manejar el estado y el ciclo de vida.

4.1. Introducción a los Hooks

Los Hooks son funciones que permiten "engancharse" a las características de React desde componentes funcionales. Antes de los Hooks, solo los componentes de clase podían manejar el estado y los métodos del ciclo de vida. Con los Hooks, se pueden manejar estas características de manera más limpia y con menos código.

Analogía: Piensa en los Hooks como ganchos mágicos que puedes colgar en un muro para sostener diferentes herramientas. Antes, si querías agregar una nueva herramienta, necesitabas construir una estantería entera (componentes de clase) para colocar esa herramienta. Ahora, con los Hooks, simplemente agregas el gancho que necesitas en el lugar correcto, sin necesidad de construir nada adicional.

Estos ganchos mágicos tienen reglas específicas sobre dónde y cómo pueden ser colocados, pero una vez que entiendes esas reglas, puedes usarlos para colgar cualquier tipo de herramienta que necesites, ya sea para manejar el estado, realizar efectos secundarios o acceder al contexto de tu aplicación.

Reglas de los Hooks

1. **Llamar Hooks solo en el nivel superior:** No llames Hooks dentro de loops, condiciones o funciones anidadas.
2. **Llamar Hooks solo desde funciones de React:** Solo puedes llamar Hooks desde componentes funcionales o desde tus propios Hooks personalizados.

4.2. useState: Manejo de estado en componentes funcionales

El Hook `useState` permite agregar estado a un componente funcional. Devuelve un par de valores: el estado actual y una función para actualizarlo.

```
import React, { useState } from 'react';

function Counter() {
  const [count, setCount] = useState(0);

  return (
    <div>
      <p>Count: {count}</p>
      <button onClick={() => setCount(count +
1)}>Increment</button>
    </div>
  );
}
```

En este ejemplo, `useState(0)` inicializa el estado `count` a `0` y `setCount` es la función que actualiza el estado.

4.3. useEffect: Efectos secundarios y ciclo de vida

El Hook `useEffect` permite realizar efectos secundarios en componentes funcionales. Es equivalente a `componentDidMount`, `componentDidUpdate` y `componentWillUnmount` combinados en los componentes de clase.

```
import React, { useState, useEffect } from
'react';

function Counter() {
  const [count, setCount] = useState(0);

  useEffect(() => {
    document.title = `Count: ${count}`;

    return () => {
      document.title = 'React App';
    };
  }, [count]);

  return (
    <div>
      <p>Count: {count}</p>
      <button onClick={() => setCount(count +
1)}>Increment</button>
    </div>
  );
}
```

El segundo argumento de `useEffect` es una lista de dependencias que indica cuándo debe ejecutarse el efecto. Si alguna dependencia cambia, el efecto se volverá a ejecutar.

4.4. useContext: Consumo de contexto en componentes

El Hook `useContext` permite consumir un contexto en un componente funcional. Simplifica el uso de `Context.Consumer`.

```
import React, { useContext } from 'react';
```

```
const ThemeContext =
React.createContext('light');

function ThemedButton() {
  const theme = useContext(ThemeContext);

  return <button className={theme}>Themed
Button</button>;
}

function App() {
  return (
    <ThemeContext.Provider value="dark">
      <ThemedButton />
    </ThemeContext.Provider>
  );
}
```

En este ejemplo, useContext(ThemeContext) obtiene el valor actual del contexto ThemeContext.

4.5. useReducer: Manejo de estado complejo

El Hook useReducer es útil para manejar lógica de estado compleja, proporcionando una alternativa a useState. Es similar a cómo funcionan los reducers en Redux.

```
import React, { useReducer } from 'react';

const initialState = { count: 0 };

function reducer(state, action) {
  switch (action.type) {
    case 'increment':
      return { count: state.count + 1 };
    case 'decrement':
      return { count: state.count - 1 };
    default:
      throw new Error();
```

```
  }
}

function Counter() {
  const [state, dispatch] = useReducer(reducer,
initialState);

  return (
    <div>
      <p>Count: {state.count}</p>
      <button onClick={() => dispatch({ type:
'increment' })}>Increment</button>
      <button onClick={() => dispatch({ type:
'decrement' })}>Decrement</button>
    </div>
  );
}
```

En este ejemplo, useReducer maneja el estado del contador
con un reducer que procesa acciones para incrementar o
decrementar el estado.

4.6. useCallback: Memorización de funciones

El Hook useCallback devuelve una versión memorizada de
una función que solo cambia si alguna de las dependencias ha
cambiado. Es útil para optimizar componentes hijos que
dependen de funciones pasadas como props.

```
import React, { useState, useCallback } from
'react';

function Counter() {
  const [count, setCount] = useState(0);

  const increment = useCallback(() => {
    setCount(c => c + 1);
  }, []);
```

```
return (
  <div>
    <p>Count: {count}</p>
    <Button
onClick={increment}>Increment</Button>
  </div>
);
}

function Button({ onClick }) {
  return <button onClick={onClick}>Click
me</button>;
}
```

En este ejemplo, `useCallback` asegura que `increment` no se recree en cada renderizado, evitando renderizados innecesarios del componente `Button`.

4.7. useMemo: Memorización de valores

El Hook `useMemo` memoriza un valor calculado y solo lo recalcula cuando alguna de las dependencias ha cambiado. Es útil para optimizar cálculos costosos.

```
import React, { useState, useMemo } from
'react';

function ExpensiveComponent({ number }) {
  const expensiveCalculation = useMemo(() => {
    let result = 0;
    for (let i = 0; i < 1000000000; i++) {
      result += number;
    }
    return result;
  }, [number]);

  return <div>Result:
{expensiveCalculation}</div>;
}
```

```
function App() {
  const [number, setNumber] = useState(1);

  return (
    <div>
      <ExpensiveComponent number={number} />
      <button onClick={() => setNumber(number
+ 1)}>Increment</button>
    </div>
  );
}
```

En este ejemplo, `useMemo` evita que
`expensiveCalculation` se recalculé a menos que
`number` cambie.

4.8. useRef: Referencias y manipulación del DOM

El Hook `useRef` devuelve un objeto mutable que persiste
durante todo el ciclo de vida del componente. Se puede usar
para acceder directamente a un elemento del DOM o para
mantener cualquier valor mutable.

```
import React, { useRef } from 'react';

function TextInputWithFocusButton() {
  const inputEl = useRef(null);

  const onButtonClick = () => {
    inputEl.current.focus();
  };

  return (
    <div>
      <input ref={inputEl} type="text" />
      <button onClick={onButtonClick}>Focus the
input</button>
    </div>
```

```
  );
}
```

En este ejemplo, `useRef` se usa para acceder al elemento de entrada y enfocar el campo de texto cuando se hace clic en el botón.

4.9. Custom Hooks: Creación y utilización

Los Custom Hooks permiten reutilizar lógica de estado y efectos en componentes funcionales. Un Custom Hook es una función que puede llamar a otros Hooks.

```javascript
import React, { useState, useEffect } from
'react';

// Custom Hook
function useFetch(url) {
  const [data, setData] = useState(null);
  const [loading, setLoading] = useState(true);

  useEffect(() => {
    fetch(url)
      .then(response => response.json())
      .then(data => {
        setData(data);
        setLoading(false);
      });
  }, [url]);

  return { data, loading };
}

// Componente que usa el Custom Hook
function DataFetcher({ url }) {
  const { data, loading } = useFetch(url);

  if (loading) {
    return <p>Loading...</p>;
```

```
}
  return (
    <div>
      <pre>{JSON.stringify(data, null,
2)}</pre>
    </div>
  );
}
```

En este ejemplo, useFetch encapsula la lógica de la solicitud de datos y se puede reutilizar en cualquier componente.

Los Hooks en React son una herramienta poderosa que permite manejar el estado, efectos secundarios, contexto, y más, de manera eficiente en componentes funcionales. Entender cómo y cuándo usar cada Hook te ayudará a construir aplicaciones más limpias y mantenibles.

Capítulo 5: Context API

En este capítulo, exploraremos la Context API de React, una herramienta poderosa para compartir datos a través del árbol de componentes sin necesidad de pasar props manualmente en cada nivel. La Context API es especialmente útil para datos que deben ser accesibles globalmente, como el tema de la interfaz o la información del usuario.

5.1. Introducción al Context API

La Context API permite a los componentes de React comunicarse y compartir datos sin necesidad de "prop drilling" (pasar props a través de múltiples niveles de componentes). En lugar de pasar datos de padres a hijos directamente, puedes definir un contexto que provea datos accesibles para cualquier componente que los necesite.

Analogía: Imagina una biblioteca donde los libros (datos) están disponibles en una estantería central. En lugar de que cada persona (componente) tenga que pedir los libros pasando por varias otras personas (prop drilling), cualquier persona en la biblioteca puede ir directamente a la estantería central (contexto) y tomar el libro que necesita.

5.2. Creación de contextos

Crear un contexto en React es sencillo y se hace en tres pasos: crear el contexto, proveer el contexto y consumir el contexto.

1. **Crear el contexto:**

```
import React from 'react';

const ThemeContext =
React.createContext('light');
```

En este ejemplo, creamos un contexto para el tema de la aplicación con un valor predeterminado de `'light'`.

2. **Proveer el contexto:**

Para proveer un contexto, envolvemos los componentes que necesitan acceder a este contexto con el proveedor correspondiente.

```
import React from 'react';
import { ThemeContext } from './ThemeContext';

function App() {
  return (
    <ThemeContext.Provider value="dark">
      <Toolbar />
```

```
      </ThemeContext.Provider>
  );
}
```

En este ejemplo, el proveedor `ThemeContext.Provider`
envuelve el componente `Toolbar`, lo que permite a `Toolbar`
y sus componentes hijos acceder al valor del tema.

3. Consumir el contexto:

Para consumir el contexto, usamos el consumidor del contexto
o el Hook `useContext`.

Consumir usando `Context.Consumer`:

```
import React from 'react';
import { ThemeContext } from './ThemeContext';

function Toolbar() {
  return (
    <ThemeContext.Consumer>
      {theme => <Button theme={theme} />}
    </ThemeContext.Consumer>
  );
}
```

Consumir usando `useContext`:

```
import React, { useContext } from 'react';
import { ThemeContext } from './ThemeContext';

function Toolbar() {
  const theme = useContext(ThemeContext);
  return <Button theme={theme} />;
}
```

5.3. Proveedores y consumidores de contexto

Proveedores de contexto (`Provider`):

El proveedor es el componente que envuelve otros componentes y les suministra el valor del contexto. Se usa en el nivel superior del árbol de componentes que necesitan acceder al contexto.

```
import React from 'react';
import { ThemeContext } from './ThemeContext';

function App() {
  return (
    <ThemeContext.Provider value="dark">
      <Toolbar />
    </ThemeContext.Provider>
  );
}
```

Consumidores de contexto (`Consumer`):

El consumidor es el componente que accede a los datos del contexto. Se puede utilizar en cualquier componente descendiente del proveedor.

```
import React from 'react';
import { ThemeContext } from './ThemeContext';

function Button() {
  return (
    <ThemeContext.Consumer>
      {theme => <button
className={theme}>Themed Button</button>}
    </ThemeContext.Consumer>
  );
}
```

Uso del Hook `useContext`:

El Hook `useContext` simplifica la sintaxis para consumir el contexto en componentes funcionales.

```
import React, { useContext } from 'react';
import { ThemeContext } from './ThemeContext';

function Button() {
  const theme = useContext(ThemeContext);
  return <button className={theme}>Themed
Button</button>;
}
```

5.4. Context API vs Redux: Comparación y casos de uso

Context API:

- **Uso:** Ideal para compartir datos globales que cambian raramente, como temas, configuración de idioma o información del usuario autenticado.
- **Configuración:** Simple y rápida de configurar, no requiere dependencias adicionales.
- **Rendimiento:** Puede sufrir problemas de rendimiento si se usa para manejar estados muy dinámicos o grandes aplicaciones, ya que cualquier cambio en el contexto fuerza la re-renderización de todos los componentes consumidores.

Redux:

- **Uso:** Diseñado para aplicaciones complejas con estado global que cambia frecuentemente. Ideal para manejar estados complejos y permitir el seguimiento de cambios de estado.
- **Configuración:** Requiere configuración adicional y depende de la biblioteca `redux`.
- **Rendimiento:** Más eficiente para aplicaciones grandes, ya que permite un control más fino sobre las actualizaciones de estado y re-renderizaciones.

Casos de uso:

- **Context API:** Usar para datos de configuración, como temas o idiomas.
- **Redux:** Usar para manejar estados complejos de aplicaciones, como la lógica de negocios o la gestión de datos de una API.

Ejemplo de Context API:

```
import React, { useContext } from 'react';

const UserContext = React.createContext();

function App() {
  const user = { name: 'Alice', loggedIn:
true };

  return (
    <UserContext.Provider value={user}>
      <UserProfile />
    </UserContext.Provider>
  );
}

function UserProfile() {
  const user = useContext(UserContext);

  return (
    <div>
      <p>Name: {user.name}</p>
      <p>Logged In: {user.loggedIn ? 'Yes' :
'No'}</p>
    </div>
  );
}
```

Ejemplo de Redux:

```
import React from 'react';
```

```
import { createStore } from 'redux';
import { Provider, useDispatch, useSelector }
from 'react-redux';

const initialState = { count: 0 };

function counterReducer(state = initialState,
action) {
  switch (action.type) {
    case 'increment':
      return { count: state.count + 1 };
    case 'decrement':
      return { count: state.count - 1 };
    default:
      return state;
  }
}

const store = createStore(counterReducer);

function Counter() {
  const count = useSelector(state =>
state.count);
  const dispatch = useDispatch();

  return (
    <div>
      <p>Count: {count}</p>
      <button onClick={() => dispatch({ type:
'increment' })}>Increment</button>
      <button onClick={() => dispatch({ type:
'decrement' })}>Decrement</button>
    </div>
  );
}

function App() {
  return (
    <Provider store={store}>
      <Counter />
    </Provider>
```

```
    );
}
```

En conclusión, tanto la Context API como Redux tienen sus propias fortalezas y casos de uso ideales. La elección entre ellos depende de la complejidad de tu aplicación y los requerimientos específicos de manejo de estado.

Capítulo 6: Enrutamiento con React Router

En este capítulo, aprenderemos cómo manejar la navegación y el enrutamiento en aplicaciones React utilizando React Router. React Router es una biblioteca potente y flexible que permite definir y gestionar las rutas de una aplicación de manera sencilla y declarativa.

6.1. Introducción a React Router

React Router es una biblioteca estándar de enrutamiento para React. Permite definir las rutas de tu aplicación y cómo deben responder a diferentes URL. Con React Router, puedes crear rutas dinámicas, anidar rutas, manejar redirecciones y proteger rutas que requieren autenticación.

Ventajas de usar React Router:

- **Declarativo:** Definir rutas usando componentes JSX.
- **Anidación:** Crear rutas anidadas y estructurar la navegación de manera jerárquica.
- **Dinámico:** Manejar parámetros de URL y consultas.
- **Protección:** Proteger rutas y manejar la autenticación.

6.2. Configuración básica de rutas

Para comenzar con React Router, primero necesitas instalar la biblioteca:

```
npm install react-router-dom
```

Luego, configura el enrutamiento básico utilizando los componentes BrowserRouter, Route y Switch.

```
import React from 'react';
import { BrowserRouter as Router, Route, Switch
} from 'react-router-dom';

function Home() {
  return <h2>Home</h2>;
}

function About() {
  return <h2>About</h2>;
}

function App() {
  return (
    <Router>
      <div>
        <Switch>
          <Route exact path="/"
component={Home} />
          <Route path="/about"
component={About} />
        </Switch>
      </div>
    </Router>
  );
}

export default App;
```

En este ejemplo, BrowserRouter envuelve la aplicación, Switch garantiza que solo una ruta se renderice a la vez, y Route define las rutas específicas para Home y About.

6.3. Rutas anidadas

Las rutas anidadas permiten definir sub-rutas dentro de una ruta principal. Esto es útil para estructurar aplicaciones complejas con secciones jerárquicas.

```
import React from 'react';
import { BrowserRouter as Router, Route,
Switch, Link, useRouteMatch } from 'react-
router-dom';

function Topics() {
  let { path, url } = useRouteMatch();

  return (
    <div>
      <h2>Topics</h2>
      <ul>
        <li>
          <Link to={`${url}/topic1`}>Topic
1</Link>
        </li>
        <li>
          <Link to={`${url}/topic2`}>Topic
2</Link>
        </li>
      </ul>

      <Switch>
        <Route exact path={path}>
          <h3>Please select a topic.</h3>
        </Route>
        <Route path={`${path}/:topicId`}>
          <Topic />
        </Route>
      </Switch>
    </div>
  );
}

function Topic() {
```

```
    let { topicId } = useParams();
    return <h3>Requested topic ID:
{topicId}</h3>;
}

function App() {
  return (
    <Router>
      <div>
        <Switch>
          <Route path="/topics"
component={Topics} />
        </Switch>
      </div>
    </Router>
  );
}

export default App;
```

En este ejemplo, `useRouteMatch` se utiliza para obtener la URL actual y anidar sub-rutas dentro de `Topics`.

6.4. Parámetros de ruta y consultas

React Router permite definir rutas dinámicas que aceptan parámetros. Estos parámetros pueden ser utilizados para renderizar contenido dinámico.

```
import React from 'react';
import { BrowserRouter as Router, Route,
Switch, useParams } from 'react-router-dom';

function User() {
  let { id } = useParams();
  return <h2>User ID: {id}</h2>;
}

function App() {
```

```
  return (
    <Router>
      <div>
        <Switch>
          <Route path="/user/:id"
component={User} />
        </Switch>
      </div>
    </Router>
  );
}

export default App;
```

En este ejemplo, `:id` es un parámetro de ruta que puede ser accedido dentro del componente `User` usando el Hook `useParams`.

Para manejar consultas de URL, puedes usar el Hook `useLocation` para acceder a los parámetros de búsqueda.

```
import React from 'react';
import { BrowserRouter as Router, Route,
Switch, useLocation } from 'react-router-dom';

function useQuery() {
  return new
URLSearchParams(useLocation().search);
}

function Search() {
  let query = useQuery();
  return <h2>Query Parameter:
{query.get('q')}</h2>;
}

function App() {
  return (
    <Router>
      <div>
```

```
        <Switch>
          <Route path="/search"
component={Search} />
        </Switch>
      </div>
    </Router>
  );
}

export default App;
```

En este ejemplo, `useQuery` es una función personalizada que usa `useLocation` para obtener y manejar parámetros de consulta.

6.5. Redirecciones y navegación programática

React Router proporciona componentes y Hooks para manejar redirecciones y navegación programática.

Redirecciones:

Puedes usar el componente `Redirect` para redirigir a los usuarios a una ruta diferente.

```
import React from 'react';
import { BrowserRouter as Router, Route,
Switch, Redirect } from 'react-router-dom';

function OldPage() {
  return <Redirect to="/new-page" />;
}

function NewPage() {
  return <h2>New Page</h2>;
}

function App() {
  return (
    <Router>
```

```
      <div>
        <Switch>
          <Route path="/old-page"
component={OldPage} />
          <Route path="/new-page"
component={NewPage} />
        </Switch>
      </div>
    </Router>
  );
}

export default App;
```

En este ejemplo, cuando los usuarios navegan a `/old-page`, serán redirigidos automáticamente a `/new-page`.

Navegación programática:

Puedes usar el Hook `useHistory` para navegar programáticamente desde el código JavaScript.

```
import React from 'react';
import { BrowserRouter as Router, Route,
Switch, useHistory } from 'react-router-dom';

function Home() {
  let history = useHistory();

  function handleClick() {
    history.push('/about');
  }

  return (
    <div>
      <h2>Home</h2>
      <button onClick={handleClick}>Go to
About</button>
    </div>
  );
```

```
}

function About() {
  return <h2>About</h2>;
}

function App() {
  return (
    <Router>
      <div>
        <Switch>
          <Route path="/" exact
component={Home} />
          <Route path="/about"
component={About} />
        </Switch>
      </div>
    </Router>
  );
}

export default App;
```

En este ejemplo, al hacer clic en el botón "Go to About", el usuario será navegado programáticamente a la ruta /about.

6.6. Rutas protegidas y autenticación

Para proteger rutas que requieren autenticación, puedes crear un componente PrivateRoute que verifique si el usuario está autenticado antes de renderizar el componente protegido.

```
import React from 'react';
import { BrowserRouter as Router, Route,
Switch, Redirect } from 'react-router-dom';

function PrivateRoute({ children, ...rest }) {
  const isAuthenticated = false; // Reemplaza
esto con la lógica de autenticación real
  return (
```

```
    <Route
      {...rest}
      render={({ location }) =>
        isAuthenticated ? (
          children
        ) : (
          <Redirect
            to={{
              pathname: '/login',
              state: { from: location }
            }}
          />
        )
      }
    />
  );
}

function Home() {
  return <h2>Home</h2>;
}

function Dashboard() {
  return <h2>Dashboard</h2>;
}

function Login() {
  return <h2>Login</h2>;
}

function App() {
  return (
    <Router>
      <div>
        <Switch>
          <Route path="/" exact
component={Home} />
          <Route path="/login"
component={Login} />
          <PrivateRoute path="/dashboard">
            <Dashboard />
```

```
      </PrivateRoute>
    </Switch>
   </div>
  </Router>
 );
}

export default App;
```

En este ejemplo, `PrivateRoute` verifica si el usuario está autenticado. Si no lo está, redirige a la página de login. Si lo está, renderiza el componente `Dashboard`.

En resumen, React Router es una herramienta esencial para manejar el enrutamiento en aplicaciones React. Permite definir rutas de manera declarativa, crear rutas anidadas, manejar parámetros de ruta y consultas, redirigir y navegar programáticamente, y proteger rutas que requieren autenticación. Dominar React Router te permitirá construir aplicaciones React con una navegación fluida y robusta.

Capítulo 7: Gestión de Estado Avanzada

En este capítulo, profundizaremos en la gestión de estado avanzada utilizando Redux, una biblioteca predecible para el manejo del estado de aplicaciones JavaScript. Redux se ha convertido en una herramienta estándar para aplicaciones React debido a su enfoque estructurado y robusto para manejar estados complejos.

7.1. Introducción a Redux

Redux es una biblioteca para la gestión del estado de aplicaciones. Fue diseñada para hacer que el estado de la aplicación sea más predecible, centralizado y fácil de depurar. En aplicaciones grandes, mantener y sincronizar el estado entre múltiples componentes puede ser complicado. Redux aborda este problema proporcionando una arquitectura unidireccional para la gestión del estado.

Ventajas de Redux:

- **Predecibilidad del estado:** El estado es predecible y sigue reglas estrictas.
- **Centralización:** Todo el estado de la aplicación se mantiene en un único store.
- **Depuración:** Herramientas de desarrollo poderosas como Redux DevTools.
- **Escalabilidad:** Fácil de escalar y mantener en aplicaciones grandes.

7.2. Conceptos fundamentales: Store, Actions, Reducers

Para entender Redux, es esencial familiarizarse con tres conceptos fundamentales: Store, Actions y Reducers.

Store: El store es un objeto que contiene el estado de la aplicación. Solo debe haber un único store en una aplicación Redux. Se crea usando `createStore` y se puede acceder al estado utilizando `getState`.

```
import { createStore } from 'redux';
import rootReducer from './reducers';

const store = createStore(rootReducer);
```

Actions: Las actions son objetos que describen qué ocurrió en la aplicación. Cada action tiene una propiedad `type` que indica el tipo de acción a realizar y puede incluir datos adicionales necesarios para la acción.

```
const incrementAction = {
  type: 'INCREMENT'
};
```

Reducers: Los reducers son funciones que especifican cómo cambia el estado de la aplicación en respuesta a una action. Reciben el estado actual y una acción, y devuelven un nuevo estado.

```
const initialState = { count: 0 };

function counterReducer(state = initialState,
action) {
  switch (action.type) {
    case 'INCREMENT':
      return { count: state.count + 1 };
    case 'DECREMENT':
      return { count: state.count - 1 };
    default:
      return state;
  }
}
```

7.3. Integración de Redux con React

Para integrar Redux con React, usamos la biblioteca `react-redux` que proporciona bindings para conectar componentes React con el store de Redux.

Paso 1: Instalar dependencias

```
npm install redux react-redux
```

Paso 2: Configurar el Provider

El `Provider` hace que el store esté disponible para todos los componentes en la aplicación.

```
import React from 'react';
import ReactDOM from 'react-dom';
import { Provider } from 'react-redux';
import { createStore } from 'redux';
import rootReducer from './reducers';
import App from './App';

const store = createStore(rootReducer);

ReactDOM.render(
  <Provider store={store}>
    <App />
  </Provider>,
  document.getElementById('root')
);
```

Paso 3: Conectar componentes

Para conectar componentes a Redux, utilizamos los Hooks `useSelector` y `useDispatch` o los métodos `connect`.

Uso de Hooks:

```
import React from 'react';
import { useSelector, useDispatch } from
'react-redux';

function Counter() {
  const count = useSelector(state =>
state.count);
  const dispatch = useDispatch();

  return (
    <div>
      <p>Count: {count}</p>
      <button onClick={() => dispatch({ type:
'INCREMENT' })}>Increment</button>
```

```
      <button onClick={() => dispatch({ type:
'DECREMENT' })}>Decrement</button>
    </div>
  );
}
```

Uso de connect:

```
import React from 'react';
import { connect } from 'react-redux';

function Counter({ count, increment,
decrement }) {
  return (
    <div>
      <p>Count: {count}</p>
      <button
onClick={increment}>Increment</button>
      <button
onClick={decrement}>Decrement</button>
    </div>
  );
}

const mapStateToProps = state => ({
  count: state.count
});

const mapDispatchToProps = dispatch => ({
  increment: () => dispatch({ type: 'INCREMENT'
}),
  decrement: () => dispatch({ type: 'DECREMENT'
})
});

export default connect(mapStateToProps,
mapDispatchToProps)(Counter);
```

7.4. Thunk y middleware en Redux

El middleware en Redux proporciona una forma de extender las capacidades del store de Redux. Uno de los middleware más comunes es Redux Thunk, que permite escribir acciones asíncronas.

Instalar Redux Thunk:

```
npm install redux-thunk
```

Configurar Redux Thunk:

```
import { createStore, applyMiddleware } from 'redux';
import thunk from 'redux-thunk';
import rootReducer from './reducers';

const store = createStore(rootReducer,
applyMiddleware(thunk));
```

Escribir acciones asíncronas:

```
const fetchUser = () => {
  return async dispatch => {
    dispatch({ type: 'FETCH_USER_REQUEST' });
    try {
      const response = await
fetch('https://jsonplaceholder.typicode.com/use
rs/1');
      const data = await response.json();
      dispatch({ type: 'FETCH_USER_SUCCESS',
payload: data });
    } catch (error) {
      dispatch({ type: 'FETCH_USER_FAILURE',
error });
    }
  };
};
```

Usar acciones asíncronas en componentes:

```javascript
import React, { useEffect } from 'react';
import { useSelector, useDispatch } from
'react-redux';
import { fetchUser } from './actions';

function User() {
  const dispatch = useDispatch();
  const user = useSelector(state =>
state.user);

  useEffect(() => {
    dispatch(fetchUser());
  }, [dispatch]);

  if (user.loading) return <p>Loading...</p>;
  if (user.error) return <p>Error:
{user.error}</p>;

  return (
    <div>
      <h2>{user.data.name}</h2>
      <p>{user.data.email}</p>
    </div>
  );
}
```

7.5. Alternativas a Redux: Context API y Recoil

Context API:

La Context API es una alternativa a Redux para manejar estados globales en aplicaciones React. Es más adecuada para aplicaciones más pequeñas o cuando solo necesitas compartir datos globales sencillos.

Ventajas de la Context API:

- **Integrada:** No necesita dependencias adicionales.

- **Simplicidad:** Fácil de implementar y utilizar para estados menos complejos.

Ejemplo con Context API:

```
import React, { createContext, useContext,
useState } from 'react';

const UserContext = createContext();

function UserProvider({ children }) {
  const [user, setUser] = useState(null);
  return (
    <UserContext.Provider value={{ user,
setUser }}>
      {children}
    </UserContext.Provider>
  );
}

function UserProfile() {
  const { user } = useContext(UserContext);
  return user ? <p>{user.name}</p> : <p>No user
logged in</p>;
}

function App() {
  return (
    <UserProvider>
      <UserProfile />
    </UserProvider>
  );
}
```

Recoil:

Recoil es una biblioteca de gestión de estado para React que proporciona un enfoque más flexible y escalable que la Context API, sin la complejidad de Redux.

Ventajas de Recoil:

- **Simplicidad:** Más fácil de usar que Redux.
- **Selector:** Permite la derivación de datos de manera eficiente.
- **Átomos:** Estado compartido entre componentes de manera reactiva.

Ejemplo con Recoil:

```javascript
import React from 'react';
import { RecoilRoot, atom, useRecoilState }
from 'recoil';

const textState = atom({
  key: 'textState',
  default: ''
});

function TextInput() {
  const [text, setText] =
useRecoilState(textState);
  return (
    <div>
      <input type="text" value={text}
onChange={(e) => setText(e.target.value)} />
      <p>{text}</p>
    </div>
  );
}

function App() {
  return (
    <RecoilRoot>
      <TextInput />
    </RecoilRoot>
  );
}
```

En resumen, Redux es una herramienta poderosa y estructurada para manejar estados complejos en aplicaciones grandes, pero la Context API y Recoil ofrecen alternativas más simples y ligeras para casos de uso específicos. La elección de la herramienta adecuada dependerá de las necesidades y la complejidad de tu aplicación.

Capítulo 8: Manejo de Formularios

En este capítulo, exploraremos cómo manejar formularios en React, desde los conceptos básicos de formularios controlados y no controlados, hasta la validación de formularios y el uso de librerías populares como Formik y React Hook Form.

8.1. Formularios controlados y no controlados

Formularios controlados:

En los formularios controlados, el estado de los elementos del formulario es gestionado por el estado del componente React. Cada vez que un usuario interactúa con el formulario, se actualiza el estado del componente, y viceversa.

```
import React, { useState } from 'react';

function ControlledForm() {
  const [inputValue, setInputValue] =
useState('');

  const handleChange = (event) => {
    setInputValue(event.target.value);
  };

  const handleSubmit = (event) => {
    event.preventDefault();
    alert('Submitted value: ' + inputValue);
  };
```

```
  return (
    <form onSubmit={handleSubmit}>
      <label>
        Input:
        <input type="text" value={inputValue}
onChange={handleChange} />
      </label>
      <button type="submit">Submit</button>
    </form>
  );
}
```

En este ejemplo, `inputValue` es el estado que controla el
valor del campo de entrada. El evento `onChange` actualiza
este estado.

Formularios no controlados:

En los formularios no controlados, los elementos del formulario
mantienen su propio estado interno. Para acceder a los valores,
se utilizan referencias (refs).

```
import React, { useRef } from 'react';

function UncontrolledForm() {
  const inputRef = useRef(null);

  const handleSubmit = (event) => {
    event.preventDefault();
    alert('Submitted value: ' +
inputRef.current.value);
  };

  return (
    <form onSubmit={handleSubmit}>
      <label>
        Input:
        <input type="text" ref={inputRef} />
      </label>
```

```
      <button type="submit">Submit</button>
    </form>
  );
}
```

En este ejemplo, `inputRef` se utiliza para acceder al valor del campo de entrada cuando se envía el formulario.

8.2. Validación de formularios

La validación de formularios es crucial para asegurar que los datos ingresados por los usuarios sean correctos y completos antes de procesarlos. Se puede realizar tanto en el lado del cliente como en el lado del servidor.

Validación en formularios controlados:

```
import React, { useState } from 'react';

function ValidatedForm() {
  const [inputValue, setInputValue] =
useState('');
  const [error, setError] = useState('');

  const handleChange = (event) => {
    setInputValue(event.target.value);
    if (event.target.value.length < 5) {
      setError('Input must be at least 5
characters long');
    } else {
      setError('');
    }
  };

  const handleSubmit = (event) => {
    event.preventDefault();
    if (!error) {
      alert('Submitted value: ' + inputValue);
    }
  };
```

```
    return (
      <form onSubmit={handleSubmit}>
        <label>
          Input:
          <input type="text" value={inputValue}
onChange={handleChange} />
        </label>
        {error && <p style={{ color:
'red' }}>{error}</p>}
        <button type="submit" disabled={!!
error}>Submit</button>
      </form>
    );
}
```

En este ejemplo, la validación se realiza en el manejador `handleChange`, y se muestra un mensaje de error si el valor ingresado no cumple con los criterios.

8.3. Librerías para formularios: Formik y React Hook Form

Para manejar formularios complejos y validaciones avanzadas, hay librerías que facilitan mucho el trabajo. Las dos más populares son Formik y React Hook Form.

Formik:

Formik es una librería diseñada para facilitar el manejo de formularios en React, incluyendo la validación y la gestión del estado del formulario.

Instalar Formik:

```
npm install formik
```

Uso básico de Formik:

```javascript
import React from 'react';
import { Formik, Form, Field, ErrorMessage }
from 'formik';
import * as Yup from 'yup';

const validationSchema = Yup.object({
  name: Yup.string()
    .min(5, 'Must be 5 characters or more')
    .required('Required'),
});

function FormikForm() {
  return (
    <Formik
      initialValues={{ name: '' }}
      validationSchema={validationSchema}
      onSubmit={(values, { setSubmitting }) =>
{
        alert(JSON.stringify(values, null, 2));
        setSubmitting(false);
      }}
    >
      {({ isSubmitting }) => (
        <Form>
          <label htmlFor="name">Name:</label>
          <Field type="text" name="name" />
          <ErrorMessage name="name"
component="div" style={{ color: 'red' }} />
          <button type="submit"
disabled={isSubmitting}>Submit</button>
        </Form>
      )}
    </Formik>
  );
}
```

En este ejemplo, Formik maneja el estado del formulario, la validación usando Yup, y la presentación de mensajes de error.

React Hook Form:

React Hook Form es otra librería que simplifica el manejo de formularios en React. Se basa en los Hooks de React, lo que permite un rendimiento óptimo y un código más limpio.

Instalar React Hook Form:

```
npm install react-hook-form
```

Uso básico de React Hook Form:

```
import React from 'react';
import { useForm } from 'react-hook-form';

function HookForm() {
  const { register, handleSubmit, watch,
formState: { errors } } = useForm();
  const onSubmit = data =>
alert(JSON.stringify(data));

  return (
    <form onSubmit={handleSubmit(onSubmit)}>
      <label htmlFor="name">Name:</label>
      <input
        type="text"
        {...register('name', { required: 'Name
is required', minLength: { value: 5, message:
'Must be 5 characters or more' } })}
      />
      {errors.name && <p style={{ color:
'red' }}>{errors.name.message}</p>}
      <button type="submit">Submit</button>
    </form>
  );
}
```

En este ejemplo, React Hook Form maneja el registro de los campos del formulario, la validación y la presentación de mensajes de error de manera eficiente.

En resumen, manejar formularios en React puede ser sencillo o complejo dependiendo de los requisitos de tu aplicación. Entender cómo usar formularios controlados y no controlados, implementar validaciones y utilizar librerías como Formik y React Hook Form te permitirá crear formularios robustos y fáciles de mantener.

Capítulo 9: Estilización en React

En este capítulo, exploraremos las diversas técnicas y herramientas para estilizar aplicaciones React. Desde el uso de CSS en JS con librerías como Styled-components y Emotion, hasta CSS Modules y librerías de componentes populares como Material-UI y Bootstrap. También discutiremos cómo manejar temas y estilos globales.

9.1. CSS en JS: Styled-components y Emotion

CSS en JS es una técnica donde los estilos CSS se escriben dentro de archivos JavaScript. Esta metodología permite aprovechar la potencia de JavaScript para gestionar estilos, ofreciendo características como el alcance automático de estilos y la facilidad de mantener temas.

Styled-components:

Styled-components es una librería que utiliza plantillas de literales de JavaScript para definir componentes con estilo.

Instalar Styled-components:

```
npm install styled-components
```

Uso básico de Styled-components:

```
import React from 'react';
```

```
import styled from 'styled-components';

const Button = styled.button`
  background: ${props => props.primary ? 'blue'
: 'gray'};
  color: white;
  font-size: 1em;
  margin: 1em;
  padding: 0.25em 1em;
  border: 2px solid palevioletred;
  border-radius: 3px;
`;

function App() {
  return (
    <div>
      <Button primary>Primary Button</Button>
      <Button>Default Button</Button>
    </div>
  );
}

export default App;
```

En este ejemplo, el componente `Button` tiene estilos dinámicos basados en sus props.

Emotion:

Emotion es otra popular librería CSS en JS que ofrece un alto rendimiento y una API similar a Styled-components.

Instalar Emotion:

```
npm install @emotion/react @emotion/styled
```

Uso básico de Emotion:

```
import React from 'react';
import styled from '@emotion/styled';
```

```
const Button = styled.button`
  background: ${props => props.primary ? 'blue'
: 'gray'};
  color: white;
  font-size: 1em;
  margin: 1em;
  padding: 0.25em 1em;
  border: 2px solid palevioletred;
  border-radius: 3px;
`;

function App() {
  return (
    <div>
      <Button primary>Primary Button</Button>
      <Button>Default Button</Button>
    </div>
  );
}

export default App;
```

Emotion permite escribir estilos usando sintaxis CSS dentro de componentes de React, con soporte para temas y estilos dinámicos.

9.2. CSS Modules

CSS Modules es una técnica que permite importar archivos CSS como módulos en componentes de React. Esto garantiza que los estilos sean locales a los componentes, evitando conflictos de nombres.

Uso básico de CSS Modules:

1. **Crear un archivo CSS:**

```
/* Button.module.css */
```

```css
.button {
  background-color: blue;
  color: white;
  padding: 10px;
  border: none;
  border-radius: 5px;
  cursor: pointer;
}

.buttonSecondary {
  background-color: gray;
}
```

2. **Importar y usar el CSS Module en un componente:**

```jsx
import React from 'react';
import styles from './Button.module.css';

function Button({ secondary, children }) {
  return (
    <button className={secondary ?
styles.buttonSecondary : styles.button}>
      {children}
    </button>
  );
}

function App() {
  return (
    <div>
      <Button>Primary Button</Button>
      <Button secondary>Secondary
Button</Button>
    </div>
  );
}

export default App;
```

En este ejemplo, los estilos definidos en `Button.module.css` se aplican localmente a los componentes sin riesgo de colisión de nombres.

9.3. Librerías de componentes: Material-UI y Bootstrap

Material-UI:

Material-UI es una popular librería de componentes basada en las directrices de diseño de Google Material. Ofrece un conjunto completo de componentes listos para usar y altamente personalizables.

Instalar Material-UI:

```
npm install @mui/material @emotion/react
@emotion/styled
```

Uso básico de Material-UI:

```
import React from 'react';
import { Button } from '@mui/material';

function App() {
  return (
    <div>
      <Button variant="contained"
color="primary">
        Primary Button
      </Button>
      <Button variant="outlined"
color="secondary">
        Secondary Button
      </Button>
    </div>
  );
}
```

```
export default App;
```

En este ejemplo, se utilizan componentes `Button` de Material-UI con diferentes variantes y colores.

Bootstrap:

Bootstrap es una de las librerías de componentes más conocidas y utilizadas. React-Bootstrap es una versión de Bootstrap adaptada para React.

Instalar React-Bootstrap:

```
npm install react-bootstrap bootstrap
```

Uso básico de React-Bootstrap:

```
import React from 'react';
import 'bootstrap/dist/css/bootstrap.min.css';
import { Button } from 'react-bootstrap';

function App() {
  return (
    <div>
      <Button variant="primary">Primary
Button</Button>
      <Button variant="secondary">Secondary
Button</Button>
    </div>
  );
}

export default App;
```

En este ejemplo, se utilizan componentes `Button` de React-Bootstrap con diferentes variantes.

9.4. Theming y estilos globales

Theming:

El theming permite definir un conjunto de estilos globales y valores de diseño que pueden aplicarse consistentemente en toda la aplicación.

Theming con Styled-components:

```
import React from 'react';
import styled, { ThemeProvider } from 'styled-
components';

const theme = {
  primaryColor: 'blue',
  secondaryColor: 'gray'
};

const Button = styled.button`
  background: ${props => props.primary ?
props.theme.primaryColor :
props.theme.secondaryColor};
  color: white;
  padding: 10px;
  border: none;
  border-radius: 5px;
`;

function App() {
  return (
    <ThemeProvider theme={theme}>
      <div>
        <Button primary>Primary Button</Button>
        <Button>Secondary Button</Button>
      </div>
    </ThemeProvider>
  );
}

export default App;
```

En este ejemplo, `ThemeProvider` aplica el tema definido a todos los componentes hijos que utilizan el tema.

Estilos globales:

Los estilos globales se utilizan para aplicar CSS que afecta a toda la aplicación, como los estilos de reset y las fuentes.

Estilos globales con Styled-components:

```
import React from 'react';
import { createGlobalStyle, ThemeProvider }
from 'styled-components';

const GlobalStyle = createGlobalStyle`
  body {
    margin: 0;
    padding: 0;
    font-family: 'Arial', sans-serif;
  }
`;

const theme = {
  primaryColor: 'blue',
  secondaryColor: 'gray'
};

const Button = styled.button`
  background: ${props => props.primary ?
props.theme.primaryColor :
props.theme.secondaryColor};
  color: white;
  padding: 10px;
  border: none;
  border-radius: 5px;
`;

function App() {
  return (
    <ThemeProvider theme={theme}>
      <GlobalStyle />
```

```
    <div>
      <Button primary>Primary Button</Button>
      <Button>Secondary Button</Button>
    </div>
  </ThemeProvider>
  );
}

export default App;
```

En este ejemplo, `GlobalStyle` define estilos globales que se aplican a toda la aplicación.

En resumen, existen múltiples enfoques y herramientas para estilizar aplicaciones React. Desde CSS en JS con Styled-components y Emotion, pasando por CSS Modules para evitar conflictos de estilos, hasta librerías de componentes como Material-UI y Bootstrap que ofrecen componentes preestilizados y altamente personalizables. Además, el uso de theming y estilos globales garantiza una apariencia coherente y profesional en toda la aplicación.

Capítulo 10: Optimización y Buenas Prácticas

En este capítulo, abordaremos técnicas y buenas prácticas para optimizar el rendimiento de las aplicaciones React y asegurarnos de que sean eficientes y fáciles de mantener. Discutiremos la optimización del rendimiento, el uso de lazy loading y Suspense, la memoización y el uso adecuado de hooks, la prueba de aplicaciones con Jest y React Testing Library, y mejores prácticas y patrones de diseño.

10.1. Optimización del rendimiento

La optimización del rendimiento en aplicaciones React es crucial para garantizar una experiencia de usuario fluida y rápida. Algunas técnicas para mejorar el rendimiento incluyen:

Evitar renderizados innecesarios:

- Utilizar `React.memo` para componentes funcionales, lo que previene re-renderizados si las props no cambian.
- Implementar el método `shouldComponentUpdate` en componentes de clase para controlar cuándo deben re-renderizarse.

```
import React, { memo } from 'react';

const MyComponent = memo(({ value }) => {
  return <div>{value}</div>;
});
```

Utilizar `useCallback` y `useMemo`:

- `useCallback` memoriza funciones para evitar su recreación en cada renderizado.
- `useMemo` memoriza valores calculados para evitar cálculos costosos en cada renderizado.

```
import React, { useState, useCallback,
useMemo } from 'react';

function MyComponent() {
  const [count, setCount] = useState(0);

  const memoizedCallback = useCallback(() => {
    console.log('Callback invoked');
  }, []);
```

```
const memoizedValue = useMemo(() => {
  return count * 2;
}, [count]);

return (
  <div>
    <p>{memoizedValue}</p>
    <button onClick={() => setCount(count +
1)}>Increment</button>
  </div>
);
}
```

Virtualización de listas:

- Utilizar bibliotecas como `react-window` o `react-virtualized` para renderizar solo los elementos visibles en listas grandes.

```
import { FixedSizeList as List } from 'react-window';

const MyList = () => (
  <List
    height={150}
    itemCount={1000}
    itemSize={35}
    width={300}
  >
    {(({ index, style }) => <div
style={style}>Item {index}</div>}
  </List>
);
```

10.2. Lazy loading y Suspense

Lazy loading es una técnica para cargar componentes solo cuando se necesitan, lo que mejora el rendimiento inicial de la aplicación. React proporciona el método `React.lazy` y el componente `Suspense` para implementar lazy loading.

Uso de `React.lazy` y `Suspense`:

```
import React, { Suspense, lazy } from 'react';

const LazyComponent = lazy(() =>
import('./LazyComponent'));

function App() {
  return (
    <div>
      <Suspense
fallback={<div>Loading...</div>}>
        <LazyComponent />
      </Suspense>
    </div>
  );
}
```

```
export default App;
```

En este ejemplo, `LazyComponent` solo se cargará cuando se renderice, y mientras tanto se mostrará un componente de carga.

10.3. Memoización y uso adecuado de hooks

Memoización con `React.memo`:

`React.memo` es una función de orden superior que se utiliza para memorizar componentes funcionales. Ayuda a evitar re-renderizados innecesarios si las props no han cambiado.

```
const MyComponent = React.memo(function
MyComponent({ value }) {
  return <div>{value}</div>;
});
```

Uso de `useCallback` y `useMemo`:

- `useCallback` memoriza funciones.
- `useMemo` memoriza valores calculados.

```
const memoizedFunction = useCallback(() => {
  // Some expensive calculation
}, [dependency]);

const memoizedValue = useMemo(() => {
  return expensiveCalculation(dependency);
}, [dependency]);
```

Uso de `useRef`:

`useRef` se utiliza para mantener una referencia mutable que no causa re-renderizados cuando cambia.

```
const countRef = useRef(0);

const increment = () => {
  countRef.current++;
  console.log(countRef.current);
};
```

10.4. Testing en React: Jest y React Testing Library

Las pruebas son esenciales para garantizar que las aplicaciones React funcionen correctamente. Jest y React Testing Library son herramientas populares para realizar pruebas en aplicaciones React.

Instalar Jest y React Testing Library:

```
npm install --save-dev jest
@testing-library/react @testing-library/jest-
dom
```

Configuración básica de Jest:

Crear un archivo de configuración de Jest
(jest.config.js):

```
module.exports = {
  testEnvironment: 'jsdom',
};
```

Escribir pruebas con React Testing Library:

```
import React from 'react';
import { render, screen, fireEvent } from
'@testing-library/react';
import '@testing-library/jest-dom/extend-
expect';
import MyComponent from './MyComponent';

test('renders MyComponent with text', () => {
  render(<MyComponent />);
  const element = screen.getByText(/some
text/i);
  expect(element).toBeInTheDocument();
});

test('button click updates text', () => {
  render(<MyComponent />);
  const button = screen.getByRole('button');
  fireEvent.click(button);
  const updatedText = screen.getByText(/updated
text/i);
  expect(updatedText).toBeInTheDocument();
});
```

En estos ejemplos, render se utiliza para renderizar el
componente, y screen y fireEvent se utilizan para
interactuar y hacer aserciones sobre el componente.

72

10.5. Mejores prácticas y patrones de diseño

Estructura de componentes:

- Mantener los componentes pequeños y enfocados en una sola responsabilidad.
- Dividir los componentes en contenedores (manejo de lógica) y presentacionales (renderizado de UI).

Manejo de estado:

- Usar `useState` y `useReducer` para manejar el estado local.
- Para estados globales, considerar Context API o bibliotecas de gestión de estado como Redux o Recoil.

Uso de hooks personalizados:

Crear hooks personalizados para reutilizar la lógica del estado y los efectos.

```
import { useState, useEffect } from 'react';

function useFetch(url) {
  const [data, setData] = useState(null);
  const [loading, setLoading] = useState(true);

  useEffect(() => {
    fetch(url)
      .then(response => response.json())
      .then(data => {
        setData(data);
        setLoading(false);
      });
  }, [url]);

  return { data, loading };
}
```

Estilos y CSS:

- Usar CSS Modules o CSS en JS para evitar conflictos de nombres.
- Mantener la coherencia en el diseño usando theming y estilos globales.

Accesibilidad:

- Asegurar que la aplicación sea accesible usando `aria-*` attributes.
- Usar herramientas como `eslint-plugin-jsx-a11y` para identificar problemas de accesibilidad.

Optimización de rendimiento:

- Evitar renderizados innecesarios usando `React.memo`, `useCallback` y `useMemo`.
- Utilizar lazy loading y Suspense para cargar componentes de manera eficiente.
- Virtualizar listas largas con `react-window` o `react-virtualized`.

Implementar estas técnicas y mejores prácticas te ayudará a construir aplicaciones React robustas, eficientes y mantenibles. Optimizar el rendimiento, usar hooks y herramientas de prueba adecuadas, y seguir patrones de diseño recomendados garantiza que tus aplicaciones sean de alta calidad y fáciles de mantener a largo plazo.

Capítulo 11: Next.js y Server-Side Rendering

En este capítulo, exploraremos Next.js, un framework de React que facilita la creación de aplicaciones con renderizado del lado del servidor (SSR), generación estática y funcionalidades avanzadas de enrutamiento. Aprenderemos sobre la configuración básica, las páginas y el enrutamiento, el renderizado estático y dinámico, la obtención de datos y las API Routes.

11.1. Introducción a Next.js

Next.js es un framework para React que proporciona capacidades avanzadas como renderizado del lado del servidor (SSR), generación estática de páginas (SSG) y enrutamiento basado en archivos. Fue creado por Vercel y está diseñado para mejorar el rendimiento, la experiencia del desarrollador y la escalabilidad de las aplicaciones web.

Características principales:

- **Renderizado del lado del servidor (SSR):** Mejora el SEO y el tiempo de carga inicial.
- **Generación estática (SSG):** Genera páginas estáticas en el momento de la construcción.
- **Enrutamiento basado en archivos:** Automatiza la creación de rutas.
- **API Routes:** Permite crear endpoints API dentro de la aplicación.

11.2. Páginas y enrutamiento en Next.js

En Next.js, el enrutamiento se basa en el sistema de archivos. Cada archivo en la carpeta `pages` se convierte en una ruta en la aplicación.

Estructura básica del proyecto:

```
my-next-app/
├── pages/
│   ├── index.js
│   ├── about.js
│   └── posts/
│       └── [id].js
├── public/
│   └── images/
├── styles/
│   └── globals.css
├── .gitignore
├── package.json
└── next.config.js
```

Creación de páginas:

```
// pages/index.js
import React from 'react';

export default function Home() {
  return <h1>Welcome to Next.js!</h1>;
}

// pages/about.js
import React from 'react';

export default function About() {
  return <h1>About Page</h1>;
}
```

Rutas dinámicas:

Para crear rutas dinámicas, utilizamos corchetes en el nombre del archivo.

```
// pages/posts/[id].js
import React from 'react';
import { useRouter } from 'next/router';

export default function Post() {
  const router = useRouter();
  const { id } = router.query;

  return <h1>Post ID: {id}</h1>;
}
```

En este ejemplo, cualquier URL con el patrón `/posts/[id]` renderizará el componente `Post` y el `id` será accesible a través del router.

11.3. Renderizado estático y dinámico

Next.js permite renderizar páginas de manera estática en el momento de la construcción o dinámicamente en el momento de la solicitud.

Generación estática (SSG):

```
// pages/posts/[id].js
import React from 'react';

export async function getStaticPaths() {
  const paths = [
    { params: { id: '1' } },
    { params: { id: '2' } },
  ];

  return { paths, fallback: false };
}
```

```
export async function
getStaticProps({ params }) {
  const post = await fetchPostById(params.id);

  return {
    props: {
      post,
    },
  };
}

export default function Post({ post }) {
  return (
    <div>
      <h1>{post.title}</h1>
      <p>{post.content}</p>
    </div>
  );
}
```

En este ejemplo, `getStaticPaths` define las rutas dinámicas a generar y `getStaticProps` obtiene los datos necesarios en el momento de la construcción.

Renderizado del lado del servidor (SSR):

```
// pages/posts/[id].js
import React from 'react';

export async function
getServerSideProps({ params }) {
  const post = await fetchPostById(params.id);

  return {
    props: {
      post,
    },
  };
}
```

```
export default function Post({ post }) {
  return (
    <div>
      <h1>{post.title}</h1>
      <p>{post.content}</p>
    </div>
  );
}
```

En este ejemplo, `getServerSideProps` obtiene los datos necesarios en cada solicitud, asegurando que siempre estén actualizados.

11.4. Data fetching en Next.js

Next.js proporciona varios métodos para obtener datos en diferentes fases del ciclo de vida de la página: `getStaticProps`, `getStaticPaths` y `getServerSideProps`.

getStaticProps:

Se usa para obtener datos en el momento de la construcción.

```
// pages/index.js
import React from 'react';

export async function getStaticProps() {
  const posts = await fetchPosts();

  return {
    props: {
      posts,
    },
  };
}

export default function Home({ posts }) {
  return (
```

```
    <div>
      <h1>Posts</h1>
      <ul>
        {posts.map(post => (
          <li key={post.id}>{post.title}</li>
        ))}
      </ul>
    </div>
  );
}
```

getStaticPaths:

Se usa junto con `getStaticProps` para generar rutas dinámicas en el momento de la construcción.

getServerSideProps:

Se usa para obtener datos en cada solicitud.

```
// pages/profile.js
import React from 'react';

export async function getServerSideProps() {
  const user = await fetchUserProfile();

  return {
    props: {
      user,
    },
  };
}

export default function Profile({ user }) {
  return (
    <div>
      <h1>{user.name}</h1>
      <p>{user.email}</p>
    </div>
  );
}
```

11.5. API Routes en Next.js

Next.js permite definir endpoints API directamente dentro de la carpeta `pages/api`. Estos endpoints pueden usarse para manejar solicitudes de datos dentro de la aplicación.

Creación de una API Route:

```js
// pages/api/posts.js
export default async function handler(req, res)
{
  if (req.method === 'GET') {
    const posts = await fetchPosts();
    res.status(200).json(posts);
  } else if (req.method === 'POST') {
    const newPost = await createPost(req.body);
    res.status(201).json(newPost);
  } else {
    res.setHeader('Allow', ['GET', 'POST']);
    res.status(405).end(`Method ${req.method}
Not Allowed`);
  }
}
```

En este ejemplo, `handler` maneja las solicitudes GET para obtener posts y POST para crear un nuevo post. Next.js se encarga de la configuración del servidor y el enrutamiento.

Uso de una API Route en un componente:

```js
// pages/index.js
import React, { useEffect, useState } from
'react';

export default function Home() {
  const [posts, setPosts] = useState([]);

  useEffect(() => {
    fetch('/api/posts')
      .then(response => response.json())
```

```
    .then(data => setPosts(data));
}, []);

return (
  <div>
    <h1>Posts</h1>
    <ul>
      {posts.map(post => (
        <li key={post.id}>{post.title}</li>
      ))}
    </ul>
  </div>
);
}
```

En este ejemplo, el componente Home obtiene los datos de los posts desde la API Route creada.

Next.js es una poderosa herramienta para construir aplicaciones React con renderizado del lado del servidor, generación estática y enrutamiento avanzado. Al aprovechar sus características, puedes mejorar significativamente el rendimiento y la experiencia del usuario en tus aplicaciones web.

Capítulo 12: Despliegue y Mantenimiento

En este capítulo, exploraremos cómo preparar y desplegar aplicaciones React en producción, utilizando servicios populares como Vercel y Netlify. También discutiremos técnicas de monitoreo y logging para mantener la aplicación en buen estado, y estrategias para actualizaciones y mantenimiento continuo.

12.1. Preparación para producción

Antes de desplegar una aplicación React en producción, es esencial asegurarse de que esté optimizada y configurada correctamente. Aquí hay algunos pasos importantes para la preparación:

Optimización del rendimiento:

- **Compresión:** Habilita la compresión gzip para reducir el tamaño de los archivos enviados al cliente.
- **Minificación:** Minifica los archivos JavaScript y CSS para reducir el tamaño y mejorar los tiempos de carga.
- **Código limpio:** Elimina código no utilizado y dependencias innecesarias.

Configuración del entorno:

- **Variables de entorno:** Utiliza variables de entorno para manejar configuraciones sensibles y específicas de cada entorno (desarrollo, producción, etc.).
- **Archivos de configuración:** Asegúrate de que los archivos de configuración estén correctamente configurados para el entorno de producción.

Construcción de la aplicación:

- Ejecuta el comando de construcción para crear una versión optimizada de la aplicación.

```
npm run build
```

Este comando crea una carpeta build con todos los archivos optimizados y listos para desplegar.

12.2. Despliegue en Vercel, Netlify y otros servicios

Existen múltiples servicios que facilitan el despliegue de aplicaciones React. Aquí cubriremos los pasos básicos para desplegar en Vercel y Netlify.

Despliegue en Vercel:

Vercel es una plataforma de despliegue optimizada para aplicaciones React y Next.js.

1. **Instalar Vercel CLI:**

```
npm install -g vercel
```

2. **Iniciar sesión en Vercel:**

```
vercel login
```

3. **Desplegar la aplicación:**

```
vercel
```

Vercel detectará automáticamente la configuración y desplegará la aplicación.

Despliegue en Netlify:

Netlify es otro servicio popular para el despliegue de aplicaciones estáticas y JAMstack.

1. **Instalar Netlify CLI:**

```
npm install -g netlify-cli
```

2. **Iniciar sesión en Netlify:**

```
netlify login
```

3. **Crear un nuevo sitio y desplegar:**

```
netlify init
netlify deploy --prod
```

Netlify también ofrece integración directa con repositorios de GitHub, lo que permite el despliegue continuo.

Otros servicios:

- **GitHub Pages:** Ideal para proyectos más pequeños y estáticos.
- **AWS Amplify:** Proporciona una plataforma robusta para aplicaciones más grandes y complejas.

12.3. Monitoreo y logging

El monitoreo y el logging son esenciales para mantener la salud de la aplicación en producción. Aquí hay algunas herramientas y técnicas para implementarlos:

Monitoreo:

- **Google Analytics:** Para rastrear el uso y el comportamiento de los usuarios.
- **New Relic:** Ofrece monitoreo de rendimiento y análisis detallados.
- **Sentry:** Herramienta para el monitoreo de errores y excepciones.

Implementación de Sentry:

1. **Instalar Sentry:**

```
npm install @sentry/react @sentry/tracing
```

2. **Configurar Sentry en la aplicación:**

```
import * as Sentry from '@sentry/react';
import { Integrations } from '@sentry/tracing';

Sentry.init({
  dsn: 'YOUR_SENTRY_DSN',
  integrations: [new
Integrations.BrowserTracing()],
  tracesSampleRate: 1.0,
});
```

Logging:

- **Winston:** Biblioteca de logging para Node.js.
- **LogRocket:** Reproduce sesiones de usuarios y registra errores.

Implementación de LogRocket:

1. **Instalar LogRocket:**

```
npm install logrocket
```

2. **Configurar LogRocket en la aplicación:**

```
import LogRocket from 'logrocket';

LogRocket.init('your-app-id');
```

12.4. Actualizaciones y mantenimiento continuo

Mantener la aplicación actualizada y en buen estado es crucial para su éxito a largo plazo. Aquí hay algunas estrategias para el mantenimiento continuo:

Actualizaciones regulares:

- **Dependencias:** Mantén las dependencias actualizadas para aprovechar las últimas mejoras y correcciones de seguridad.

- **Componentes:** Actualiza regularmente los componentes de la aplicación y elimina aquellos que ya no sean necesarios.

Pruebas continuas:

- **Integración continua (CI):** Utiliza herramientas como GitHub Actions, Travis CI o Jenkins para automatizar las pruebas y el despliegue.
- **Pruebas unitarias y de integración:** Asegúrate de que todas las partes de la aplicación funcionen correctamente después de cada cambio.

Revisión del rendimiento:

- **Auditorías periódicas:** Realiza auditorías de rendimiento regularmente utilizando herramientas como Lighthouse.
- **Optimización continua:** Identifica y optimiza las áreas de la aplicación que puedan estar afectando el rendimiento.

Backup y recuperación:

- **Copias de seguridad regulares:** Asegúrate de tener copias de seguridad regulares de tu aplicación y base de datos.
- **Planes de recuperación:** Ten un plan de recuperación ante desastres para restaurar rápidamente la aplicación en caso de fallo.

Documentación:

- **Documentación del código:** Mantén una documentación clara y actualizada del código y la arquitectura de la aplicación.

- **Documentación del proceso:** Documenta los procesos de despliegue, monitoreo y mantenimiento para facilitar el trabajo del equipo.

El despliegue y mantenimiento adecuado de aplicaciones React es esencial para garantizar su éxito y longevidad. Siguiendo las mejores prácticas para la preparación, despliegue, monitoreo y mantenimiento continuo, puedes asegurar que tu aplicación esté siempre en óptimas condiciones y ofrezca la mejor experiencia posible a los usuarios.

Proyectos Prácticos

Proyecto 1: Lista de Tareas Simple

Descripción: En este proyecto, crearemos una aplicación de lista de tareas (To-Do List) donde los usuarios pueden agregar, eliminar y marcar tareas como completadas. La aplicación estará construida con React, utilizando Hooks para el manejo del estado. Opcionalmente, se puede integrar Context API o Redux para manejar el estado global de la aplicación. Los estilos se implementarán utilizando CSS Modules o Styled-components.

Tecnologías Utilizadas:

- React
- Hooks (useState, useEffect, useContext)
- Context API o Redux (opcional)
- CSS Modules o Styled-components

Objetivos de Aprendizaje:

- Practicar la creación de componentes en React.
- Manejar el estado local y global.
- Utilizar eventos en React.
- Aplicar estilos usando CSS Modules o Styled-components.

Pasos para el Proyecto

Paso 1: Configuración del Proyecto

1. **Crear el proyecto con Vite:**

```
npm create vite@latest todo-list
```

- Selecciona `React` y `JavaScript` cuando se te pregunte el framework y el lenguaje.

2. **Navegar al directorio del proyecto:**

```
cd todo-list
```

3. **Instalar las dependencias necesarias:**

```
npm install
```

4. **Instalar Styled-components:**

```
npm install styled-components
```

5. **Instalar Redux (opcional):**

```
npm install redux react-redux
```

Paso 2: Estructura de la Aplicación

Estructura básica del proyecto:

```
todo-list/
├── public/
├── src/
│   ├── components/
│   │   ├── AddTask.jsx
│   │   ├── Task.jsx
│   │   ├── TaskList.jsx
│   ├── contexts/
│   │   ├── TaskContext.js (si usas Context
API)
│   ├── store/
│   │   ├── store.js (si usas Redux)
│   ├── App.jsx
│   ├── main.jsx
│   └── styles/
│       ├── App.module.css (si usas CSS
Modules)
└── package.json
```

Paso 3: Crear los Componentes

Componente AddTask:

```jsx
// src/components/AddTask.jsx
import React, { useState } from 'react';
import styled from 'styled-components';

const Form = styled.form`
  display: flex;
  margin-bottom: 1em;
`;

const Input = styled.input`
  flex: 1;
  padding: 0.5em;
  font-size: 1em;
`;

const Button = styled.button`
  padding: 0.5em 1em;
```

```css
    font-size: 1em;
    background-color: #4caf50;
    color: white;
    border: none;
    cursor: pointer;

    &:hover {
      background-color: #45a049;
    }
`;
```

```jsx
function AddTask({ addTask }) {
  const [task, setTask] = useState('');

  const handleSubmit = (e) => {
    e.preventDefault();
    if (task.trim()) {
      addTask(task);
      setTask('');
    }
  };

  return (
    <Form onSubmit={handleSubmit}>
      <Input
        type="text"
        value={task}
        onChange={(e) =>
setTask(e.target.value)}
        placeholder="Add a new task"
      />
      <Button type="submit">Add</Button>
    </Form>
  );
}

export default AddTask;
```

Componente Task:

```jsx
// src/components/Task.jsx
```

```jsx
import React from 'react';
import styled from 'styled-components';

const TaskItem = styled.li`
  display: flex;
  align-items: center;
  justify-content: space-between;
  padding: 0.5em;
  margin-bottom: 0.5em;
  background-color: ${props => (props.completed
? '#d3ffd3' : '#f9f9f9')};
  border: 1px solid #ddd;
  border-radius: 4px;
`;

const TaskText = styled.span`
  text-decoration: ${props =>
(props.completed ? 'line-through' : 'none')};
`;

const Button = styled.button`
  padding: 0.5em;
  font-size: 1em;
  color: white;
  background-color: ${props => (props.delete ?
'#f44336' : '#4caf50')};
  border: none;
  cursor: pointer;

  &:hover {
    background-color: ${props =>
(props.delete ? '#e41f1f' : '#45a049')};
  }
`;

function Task({ task, toggleComplete,
removeTask }) {
  return (
    <TaskItem completed={task.completed}>
```

```jsx
      <TaskText
completed={task.completed}>{task.text}</TaskTex
t>
      <div>
        <Button onClick={() =>
toggleComplete(task.id)}>Complete</Button>
        <Button delete onClick={() =>
removeTask(task.id)}>Delete</Button>
      </div>
    </TaskItem>
  );
}

export default Task;
```

Componente TaskList:

```jsx
// src/components/TaskList.jsx
import React from 'react';
import Task from './Task';

function TaskList({ tasks, toggleComplete,
removeTask }) {
  return (
    <ul>
      {tasks.map(task => (
        <Task
          key={task.id}
          task={task}
          toggleComplete={toggleComplete}
          removeTask={removeTask}
        />
      )))}
    </ul>
  );
}

export default TaskList;
```

Paso 4: Manejo del Estado

Usando Hooks:

```jsx
// src/App.jsx
import React, { useState } from 'react';
import AddTask from './components/AddTask';
import TaskList from './components/TaskList';
import styled from 'styled-components';

const AppContainer = styled.div`
  max-width: 600px;
  margin: 0 auto;
  padding: 2em;
  text-align: center;
  font-family: Arial, sans-serif;
`;

function App() {
  const [tasks, setTasks] = useState([]);

  const addTask = (text) => {
    const newTask = {
      id: Date.now(),
      text,
      completed: false,
    };
    setTasks([...tasks, newTask]);
  };

  const toggleComplete = (id) => {
    setTasks(tasks.map(task => task.id === id ?
{ ...task, completed: !task.completed } :
task));
  };

  const removeTask = (id) => {
    setTasks(tasks.filter(task => task.id !==
id));
  };
```

```
  return (
    <AppContainer>
      <h1>Todo List</h1>
      <AddTask addTask={addTask} />
      <TaskList tasks={tasks}
toggleComplete={toggleComplete}
removeTask={removeTask} />
    </AppContainer>
  );
}

export default App;
```

Paso 5: Opcional - Usar Context API o Redux

Usando Context API:

```
// src/contexts/TaskContext.js
import React, { createContext, useReducer }
from 'react';

const TaskContext = createContext();

const taskReducer = (state, action) => {
  switch (action.type) {
    case 'ADD_TASK':
      return [...state, action.payload];
    case 'TOGGLE_COMPLETE':
      return state.map(task => task.id ===
action.payload ? { ...task, completed: !
task.completed } : task);
    case 'REMOVE_TASK':
      return state.filter(task => task.id !==
action.payload);
    default:
      return state;
  }
};

export const TaskProvider = ({ children }) => {
```

```
  const [tasks, dispatch] =
useReducer(taskReducer, []);

  const addTask = (text) => {
    dispatch({ type: 'ADD_TASK', payload: { id:
Date.now(), text, completed: false } });
  };

  const toggleComplete = (id) => {
    dispatch({ type: 'TOGGLE_COMPLETE',
payload: id });
  };

  const removeTask = (id) => {
    dispatch({ type: 'REMOVE_TASK', payload: id
});
  };

  return (
    <TaskContext.Provider value={{ tasks,
addTask, toggleComplete, removeTask }}>
      {children}
    </TaskContext.Provider>
  );
};

export default TaskContext;
```

Usando Redux:

1. **Configurar el store:**

```
// src/store/store.js
import { createStore } from 'redux';

const initialState = {
  tasks: []
};

const taskReducer = (state =
initialState, action) => {
```

```
  switch (action.type) {
    case 'ADD_TASK':
      return { ...state, tasks:
[...state.tasks, action.payload] };
    case 'TOGGLE_COMPLETE':
      return { ...state, tasks:
state.tasks.map(task => task.id ===
action.payload ? { ...task, completed: !
task.completed } : task) };
    case 'REMOVE_TASK':
      return { ...state, tasks:
state.tasks.filter(task => task.id !==
action.payload) };
    default:
      return state;
  }
};

const store = createStore(taskReducer);

export default store;
```

2. **Conectar Redux con React:**

```jsx
// src/main.jsx
import React from 'react';
import ReactDOM from 'react-dom';
import { Provider, useDispatch,
useSelector } from 'react-redux';
import App from './App';
import store from './store/store';

function Root() {
  return (
    <Provider store={store}>
      <App />
    </Provider>
  );
}

ReactDOM.render(
```

```
    <React.StrictMode>
      <Root />
    </React.StrictMode>,
    document.getElementById('root')
);


// src/App.jsx
import React from 'react';
import { useDispatch, useSelector } from
'react-redux';
import AddTask from
'./components/AddTask';
import TaskList from
'./components/TaskList';
import styled from 'styled-components';

const AppContainer = styled.div`
  max-width: 600px;
  margin: 0 auto;
  padding: 2em;
  text-align: center;
  font-family: Arial, sans-serif;
`;

function App() {
  const tasks = useSelector(state =>
state.tasks);
  const dispatch = useDispatch();

  const addTask = (text) => {
    dispatch({ type: 'ADD_TASK', payload:
{ id: Date.now(), text, completed:
false } });
  };

  const toggleComplete = (id) => {
    dispatch({ type: 'TOGGLE_COMPLETE',
payload: id });
  };

  const removeTask = (id) => {
```

```
    dispatch({ type: 'REMOVE_TASK',
payload: id });
  };

  return (
    <AppContainer>
      <h1>Todo List</h1>
      <AddTask addTask={addTask} />
      <TaskList tasks={tasks}
toggleComplete={toggleComplete}
removeTask={removeTask} />
    </AppContainer>
  );
}

export default App;
```

Paso 6: Estilizar la Aplicación

Usando CSS Modules:

1. **Crear el archivo CSS:**

```css
/* src/styles/App.module.css */
.container {
  max-width: 600px;
  margin: 0 auto;
  padding: 2em;
  text-align: center;
  font-family: Arial, sans-serif;
}
```

2. **Importar y usar los estilos:**

```jsx
// src/App.jsx
import React, { useState } from 'react';
import AddTask from
'./components/AddTask';
import TaskList from
'./components/TaskList';
```

```
import styles from
'./styles/App.module.css';

function App() {
  const [tasks, setTasks] = useState([]);

  const addTask = (text) => {
    const newTask = {
      id: Date.now(),
      text,
      completed: false,
    };
    setTasks([...tasks, newTask]);
  };

  const toggleComplete = (id) => {
    setTasks(tasks.map(task => task.id
=== id ? { ...task, completed: !
task.completed } : task));
  };

  const removeTask = (id) => {
    setTasks(tasks.filter(task => task.id
!== id));
  };

  return (
    <div className={styles.container}>
      <h1>Todo List</h1>
      <AddTask addTask={addTask} />
      <TaskList tasks={tasks}
toggleComplete={toggleComplete}
removeTask={removeTask} />
    </div>
  );
}

export default App;
```

Paso 7: Ejecutar y Probar la Aplicación

1. **Iniciar la aplicación:**

```
npm run dev
```

2. **Probar la funcionalidad:**

   - Agregar nuevas tareas.
   - Marcar tareas como completadas.
   - Eliminar tareas.

Este proyecto de lista de tareas simple te permitirá practicar la creación de componentes en React, el manejo del estado local y global, el uso de eventos y la aplicación de estilos. Además, te brindará una base sólida para construir aplicaciones más complejas en el futuro.

Desarrollo del Proyecto 2: Aplicación de Red Social

Descripción

Desarrollaremos una aplicación de red social donde los usuarios pueden registrarse, iniciar sesión, crear publicaciones, comentar y dar "me gusta". Utilizaremos React para la interfaz de usuario, React Router para el enrutamiento, Redux para la gestión avanzada del estado, Firebase para el backend y autenticación, y Material-UI para los estilos y componentes.

Tecnologías Utilizadas:

- React
- React Router
- Redux

- Firebase
- Material-UI

Objetivos de Aprendizaje:

- Integrar enrutamiento con React Router.
- Gestionar el estado con Redux.
- Implementar autenticación con Firebase.
- Manejar formularios y validación.
- Usar Material-UI para diseñar la interfaz de usuario.

Estructura Básica del Proyecto

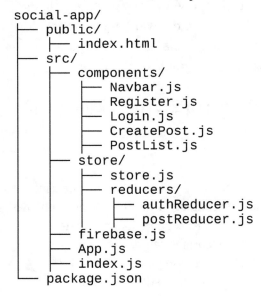

```
social-app/
├── public/
│   └── index.html
├── src/
│   ├── components/
│   │   ├── Navbar.js
│   │   ├── Register.js
│   │   ├── Login.js
│   │   ├── CreatePost.js
│   │   └── PostList.js
│   ├── store/
│   │   ├── store.js
│   │   └── reducers/
│   │       ├── authReducer.js
│   │       └── postReducer.js
│   ├── firebase.js
│   ├── App.js
│   └── index.js
└── package.json
```

Paso 1: Configuración del Proyecto

1. Crear el proyecto con Vite:

```
npm create vite@latest social-app
```

```
cd social-app
```

2. Instalar las dependencias necesarias:

```
npm install react-router-dom redux react-
redux firebase @mui/material
@emotion/react @emotion/styled
```

Paso 2: Configuración de Firebase

1. Crear un proyecto en Firebase:

   - Ve a Firebase Console.
   - Crea un nuevo proyecto y configura Firestore
     Database y Authentication.

2. Configurar Firebase en el proyecto:

```
// src/firebase.js
import firebase from 'firebase/app';
import 'firebase/auth';
import 'firebase/firestore';

const firebaseConfig = {
  apiKey: "YOUR_API_KEY",
  authDomain: "YOUR_AUTH_DOMAIN",
  projectId: "YOUR_PROJECT_ID",
  storageBucket: "YOUR_STORAGE_BUCKET",
  messagingSenderId:
"YOUR_MESSAGING_SENDER_ID",
  appId: "YOUR_APP_ID"
};

firebase.initializeApp(firebaseConfig);

export const auth = firebase.auth();
export const firestore =
firebase.firestore();
```

Paso 3: Configuración de Redux

1. Crear el store de Redux:

```
// src/store/store.js
import { createStore, combineReducers,
applyMiddleware } from 'redux';
import thunk from 'redux-thunk';
import authReducer from
'./reducers/authReducer';
import postReducer from
'./reducers/postReducer';

const rootReducer = combineReducers({
  auth: authReducer,
  posts: postReducer
});

const store = createStore(rootReducer,
applyMiddleware(thunk));

export default store;
```

2. Crear los reducers:

Auth Reducer:

```
// src/store/reducers/authReducer.js
const initialState = {
  user: null,
  loading: false,
  error: null,
};

export default function authReducer(state =
initialState, action) {
  switch (action.type) {
    case 'LOGIN_REQUEST':
      return { ...state, loading: true };
    case 'LOGIN_SUCCESS':
```

```
      return { ...state, loading: false, user:
action.payload };
    case 'LOGIN_FAILURE':
      return { ...state, loading: false, error:
action.payload };
    case 'LOGOUT':
      return { ...state, user: null };
    default:
      return state;
  }
}
```

Post Reducer:

```
// src/store/reducers/postReducer.js
const initialState = {
  posts: [],
  loading: false,
  error: null,
};

export default function postReducer(state =
initialState, action) {
  switch (action.type) {
    case 'FETCH_POSTS_REQUEST':
      return { ...state, loading: true };
    case 'FETCH_POSTS_SUCCESS':
      return { ...state, loading: false, posts:
action.payload };
    case 'FETCH_POSTS_FAILURE':
      return { ...state, loading: false, error:
action.payload };
    case 'ADD_POST':
      return { ...state, posts:
[...state.posts, action.payload] };
    default:
      return state;
  }
}
```

3. Configurar el Provider:

```
// src/index.js
import React from 'react';
import ReactDOM from 'react-dom';
import { Provider } from 'react-redux';
import { BrowserRouter as Router } from
'react-router-dom';
import store from './store/store';
import App from './App';

ReactDOM.render(
  <Provider store={store}>
    <Router>
      <App />
    </Router>
  </Provider>,
  document.getElementById('root')
);
```

Paso 4: Crear Componentes y Páginas

1. Componentes de Autenticación:

Formulario de Registro:

```
// src/components/Register.js
import React, { useState } from 'react';
import { useDispatch } from 'react-redux';
import { auth } from '../firebase';
import { Button, TextField, Container,
Typography } from '@mui/material';

export default function Register() {
  const [email, setEmail] = useState('');
  const [password, setPassword] = useState('');
  const dispatch = useDispatch();

  const handleRegister = async (e) => {
    e.preventDefault();
```

```
    try {
      dispatch({ type: 'LOGIN_REQUEST' });
      const userCredential = await
auth.createUserWithEmailAndPassword(email,
password);
      dispatch({ type: 'LOGIN_SUCCESS',
payload: userCredential.user });
    } catch (error) {
      dispatch({ type: 'LOGIN_FAILURE',
payload: error.message });
    }
  };

  return (
    <Container maxWidth="sm">
      <Typography variant="h4" component="h1"
gutterBottom>
        Register
      </Typography>
      <form onSubmit={handleRegister}>
        <TextField
          label="Email"
          type="email"
          fullWidth
          margin="normal"
          value={email}
          onChange={(e) =>
setEmail(e.target.value)}
        />
        <TextField
          label="Password"
          type="password"
          fullWidth
          margin="normal"
          value={password}
          onChange={(e) =>
setPassword(e.target.value)}
        />
        <Button type="submit"
variant="contained" color="primary" fullWidth>
          Register
```

```
      </Button>
      </form>
    </Container>
  );
}
```

Formulario de Inicio de Sesión:

```
// src/components/Login.js
import React, { useState } from 'react';
import { useDispatch } from 'react-redux';
import { auth } from '../firebase';
import { Button, TextField, Container,
Typography } from '@mui/material';

export default function Login() {
  const [email, setEmail] = useState('');
  const [password, setPassword] = useState('');
  const dispatch = useDispatch();

  const handleLogin = async (e) => {
    e.preventDefault();
    try {
      dispatch({ type: 'LOGIN_REQUEST' });
      const userCredential = await
auth.signInWithEmailAndPassword(email,
password);
      dispatch({ type: 'LOGIN_SUCCESS',
payload: userCredential.user });
    } catch (error) {
      dispatch({ type: 'LOGIN_FAILURE',
payload: error.message });
    }
  };

  return (
    <Container maxWidth="sm">
      <Typography variant="h4" component="h1"
gutterBottom>
        Login
      </Typography>
```

```
      <form onSubmit={handleLogin}>
        <TextField
          label="Email"
          type="email"
          fullWidth
          margin="normal"
          value={email}
          onChange={(e) =>
setEmail(e.target.value)}
        />
        <TextField
          label="Password"
          type="password"
          fullWidth
          margin="normal"
          value={password}
          onChange={(e) =>
setPassword(e.target.value)}
        />
        <Button type="submit"
variant="contained" color="primary" fullWidth>
          Login
        </Button>
      </form>
    </Container>
  );
}
```

2. **Componentes de Publicaciones:**

Formulario para Crear Publicaciones:

```
// src/components/CreatePost.js
import React, { useState } from 'react';
import { useDispatch, useSelector } from
'react-redux';
import { firestore } from '../firebase';
import { Button, TextField, Container,
Typography } from '@mui/material';

export default function CreatePost() {
```

```jsx
  const [content, setContent] = useState('');
  const dispatch = useDispatch();
  const user = useSelector(state =>
state.auth.user);

  const handleSubmit = async (e) => {
    e.preventDefault();
    const newPost = {
      content,
      userId: user.uid,
      userName: user.email,
      createdAt: new Date(),
      likes: 0,
      comments: [],
    };
    try {
      await
firestore.collection('posts').add(newPost);
      dispatch({ type: 'ADD_POST', payload:
newPost });
      setContent('');
    } catch (error) {
      console.error('Error adding post: ',
error);
    }
  };

  return (
    <Container maxWidth="sm">
      <Typography variant="h4" component="h1"
gutterBottom>
        Create Post
      </Typography>
      <form onSubmit={handleSubmit}>
        <TextField
          label="What's on your mind?"
          fullWidth
          multiline
          rows={4}
          margin="normal"
          value={content}
```

```jsx
        onChange={(e) =>
setContent(e.target.value)}
        />
        <Button type="submit"
variant="contained" color="primary" fullWidth>
          Post
        </Button>
      </form>
    </Container>
  );
}
```

Listado de Publicaciones:

```jsx
// src/components/PostList.js
import React, { useEffect } from 'react';
import { useDispatch, useSelector } from
'react-redux';
import { firestore } from '../firebase';
import { Container, Card, CardContent,
Typography, Button } from '@mui/material';

export default function PostList() {
  const dispatch = useDispatch();
  const posts = useSelector(state =>
state.posts.posts);

  useEffect(() => {
    const fetchPosts = async () => {
      dispatch({ type:
'FETCH_POSTS_REQUEST' });
      try {
        const snapshot = await
firestore.collection('posts').orderBy('createdA
t', 'desc').get();
        const postsData = snapshot.docs.map(doc
=> ({ id: doc.id, ...doc.data() }));
        dispatch({ type: 'FETCH_POSTS_SUCCESS',
payload: postsData });
      } catch (error) {
```

```
        dispatch({ type: 'FETCH_POSTS_FAILURE',
payload: error.message });
      }
    };

    fetchPosts();
  }, [dispatch]);

  const handleLike = async (postId) => {
    // Implementar la funcionalidad de dar "me
gusta" aquí
  };

  const handleComment = async (postId, comment)
=> {
    // Implementar la funcionalidad de comentar
aquí
  };

  return (
    <Container>
      {posts.map(post => (
        <Card key={post.id}
style={{ marginBottom: '1em' }}>
          <CardContent>
            <Typography
variant="h5">{post.userName}</Typography>
            <Typography variant="body2"
color="textSecondary">{post.content}</Typograph
y>
            <Button onClick={() =>
handleLike(post.id)}>Like</Button>
            <Button onClick={() =>
handleComment(post.id, 'Nice
post!')}>Comment</Button>
          </CardContent>
        </Card>
      ))}
    </Container>
  );
}
```

Paso 5: Enrutamiento con React Router

Configurar las rutas:

```
// src/App.js
import React from 'react';
import { Route, Switch } from 'react-router-
dom';
import Register from './components/Register';
import Login from './components/Login';
import CreatePost from
'./components/CreatePost';
import PostList from './components/PostList';
import Navbar from './components/Navbar';

function App() {
  return (
    <>
      <Navbar />
      <Switch>
        <Route path="/register"
component={Register} />
        <Route path="/login"
component={Login} />
        <Route path="/create-post"
component={CreatePost} />
        <Route path="/" component={PostList} />
      </Switch>
    </>
  );
}

export default App;
```

Crear el componente Navbar:

```
// src/components/Navbar.js
import React from 'react';
import { Link } from 'react-router-dom';
import { AppBar, Toolbar, Button } from
'@mui/material';
```

```
export default function Navbar() {
  return (
    <AppBar position="static">
      <Toolbar>
        <Button color="inherit"
component={Link} to="/">Home</Button>
        <Button color="inherit"
component={Link} to="/create-post">Create
Post</Button>
        <Button color="inherit"
component={Link} to="/login">Login</Button>
        <Button color="inherit"
component={Link}
to="/register">Register</Button>
      </Toolbar>
    </AppBar>
  );
}
```

Paso 6: Ejecutar y Probar la Aplicación

1. Iniciar la aplicación:

   ```
   npm run dev
   ```

2. Probar la funcionalidad:

   - Registrarse y iniciar sesión.
   - Crear publicaciones.
   - Ver y comentar en las publicaciones.
   - Dar "me gusta" a las publicaciones.

Este proyecto de aplicación de red social te permitirá practicar la integración de múltiples conceptos de React, como enrutamiento, gestión de estado avanzada, autenticación y manejo de formularios. También aprenderás a utilizar Firebase para el backend y Material-UI para diseñar la interfaz de

114

usuario, proporcionando una base sólida para desarrollar aplicaciones web más complejas y escalables.

Conclusión

Hemos llegado al final de este viaje a través del vasto y dinámico mundo de React. Desde los fundamentos básicos hasta las técnicas avanzadas, este libro ha explorado una amplia gama de temas y prácticas que te equiparán para construir aplicaciones web modernas y robustas.

Mirando hacia el futuro: React continúa evolucionando, con la comunidad y el ecosistema creciendo constantemente. Nuevas características y mejoras están siempre en el horizonte. Mantente actualizado con las últimas novedades, participa en la comunidad, y sigue explorando nuevas herramientas y técnicas.

Reflexión final: El aprendizaje de React no es un destino, sino un viaje continuo. Con la base sólida que has adquirido, estás preparado para enfrentar cualquier desafío y construir aplicaciones web impresionantes y eficientes. La clave del éxito es la práctica constante, la curiosidad por aprender y la pasión por crear.

Agradecemos tu dedicación y esfuerzo en este viaje de aprendizaje. ¡Ahora es tu turno de tomar estos conocimientos y crear algo increíble!

¡Feliz codificación!